CATALOGUE

DES

OBJETS D'ANTIQUITÉ

Bronzes, Terres cuites, Vases étrusques, Verres, Camées
Pierres gravées, Bijoux, Monnaies, Méda-lles

OBJETS D'ART

DE CURIOSITÉ ET D'AMEUBLEMENT

Bijoux, Argenterie ancienne et moderne
Porcelaines et Faïences anciennes
Armes anciennes, Bronzes d'art et d'ameublement, Émaux cloisonnés
Marbres, Ivoires, Laques, Aquarelles, Gravures

MEUBLES ANCIENS ET DE STYLE, ÉTOFFES, RIDEAUX, TAPIS

600 Bouteilles de Vins fins

LIVRES ANCIENS ET MODERNES

DÉPENDANT

De la Succession de M. MAUGHAM

DONT LA VENTE AUX ENCHÈRES PUBLIQUES AURA LIEU

PAR SUITE DE DÉCÈS

HOTEL DROUOT, SALLE N° 2

Les Jeudi 5, Vendredi 6, Samedi 7, Lundi 9, Mardi 10
et Mercredi 11 Mars 1885, à 2 heures

Par le ministère de **Me ESCRIBE**, Commissaire-Priseur,
rue de Hanovre, 6,
Assisté, pour les Antiquités, de **MM. ROLLIN** et **FEUARDENT**, Experts,
rue de Louvois, 4,
Pour les Bijoux, Curiosités et Tableaux, de **M. A. BLOCHE**, Expert,
rue Laffitte, 44,
Et, pour les Livres, de **M. J. MARTIN**, Libraire, rue Séguier, 18,
CHEZ LESQUELS SE DISTRIBUENT LES CATALOGUES.

EXPOSITION PUBLIQUE

Le Mercredi 4 Mars 1885, de 1 heure 1/2 à 5 heures.

PARIS — 1885

CONDITIONS DE LA VENTE

Elle sera faite au comptant.

Les Acquéreurs paieront, en sus des adjudications, CINQ CENTIMES PAR FRANC, applicables aux frais.

Aucune réclamation ne sera admise une fois l'adjudication prononcée.

Les Livres vendus ne seront repris pour aucune cause, à moins qu'ils ne soient incomplets de feuillets de texte ou de planches.

ORDRE DES VACATIONS

Jeudi   5 *Mars :* Antiquités.
Vendredi 6 *Mars :* Bijoux.
Samedi   7 *Mars :* Argenterie et Argenture.
Lundi   9 *Mars :* Porcelaines, Faïences, Verrerie, Armes, Objets en cuivre et en fer, Émaux, Marbres, Ivoires, Objets divers.
Mardi   10 *Mars :* Laques, Bronzes, Tableaux, Aquarelles, Dessins, Gravures, Meubles d'art, Tapisserie, Étoffes, Dentelles, Guipures.
Mercredi 11 *Mars :* Livres et continuation du Mobilier.

Succession de M. MAUGHAM

ANTIQUITÉS

OBJETS D'ART ET DE CURIOSITÉ

BIJOUX, ORFÉVRERIE, AQUARELLES

MOBILIER, VINS

LIVRES

VENTE

HOTEL DROUOT, SALLE N° 2

Les Jeudi 5, Vendredi 6, Samedi 7, Lundi 9, Mardi 10
et Mercredi 11 Mars 1885, à 2 heures

EXPOSITION PUBLIQUE

Le Mercredi 4 Mars 1885, de 1 heure 1/2 à 5 heures.

COMMISSAIRE-PRISEUR

Me ESCRIBE, rue de Hanovre, 6

EXPERTS

MM. ROLLIN et **FEUARDENT**, rue de Louvois, 4
M. A. BLOCHE, rue Laffitte, 44, et **M. J. MARTIN**, rue Séguier, 18

PARIS — 1885

BRONZES ANTIQUES

1 — Buste de Minerve, sur la tête un casque ayant
   pour cimier un sphinx, cuirasse et égide sur
   la poitrine. Charmant objet du plus joli style.
   Collection Paravey. Haut. 0ᵐ09.

2 — Faune debout, vêtu d'une longue tunique ; les
   deux mains manquent. Bonne patine. Haut.
   0ᵐ12.

3 — Minerve debout, drapée et casquée ; un des bras
   levés, l'autre tenant une chouette. Haut.
   0ᵐ085.

4 — Mercure debout tenant un caducée et une bourse.
   Bonne patine. Haut. 0ᵐ09.

5 — Femme diadémée tenant une patère, style étrusque. Manque une main. Haut. 0ᵐ09.

6 — Hercule tenant la peau du lion et une massue.
   Bonne patine. Haut. 0ᵐ11.

7 — Même Sujet. Haut. 0ᵐ10.

  — Même Sujet. Haut. 0ᵐ09.

9 — Guerrier étrusque, tenant un bouclier. Bonne
   patine. Haut. 0ᵐ10.

10 — Petit Mercure tenant un caducée et une bourse,
   bon style. Jolie patine. Haut. 0ᵐ065.

11 — Jeune Femme appuyée sur une colonne. Jolie statuette. Bonne patine. Haut. 0^{m}07.

12 — Quatre petites Statuettes antiques.

13 — Masque d'Homme, les yeux en argent. Joli objet d'une bonne patine. Haut. 0^{m}07.

14 — Tête de bouc, les yeux en argent. Joli bronze très fin. Bonne patine. Haut. 0^{m}075.

15 — Bœuf antique, assez bon style. Bonne patine. Haut. 0^{m}07.

16 — Charmant Trépied en bronze, très orné ; les pieds formés par trois griffes de lion ; un de ces pieds a été rapporté. Excellent style. Admirable patine. Collection Paravey. Haut. 0^{m}19.

17 — Lampe romaine ; le manche formé par une tête de cheval. Bonne patine. Haut. 0^{m}10 ; larg. 0^{m}15.

18 — Grand Vase, à une anse ; cette anse est terminée par un masque scénique très fin. Joli bronze. Sans patine. Haut. 0^{m}20.

19 — OEnochœ d'une forme élégante, l'anse ornementée, un peu abîmée. Bonne patine. Haut. 0^{m}16.

20 — Flacon avec son couvercle. Jolie patine verte. Haut. 0^{m}11.

21 — Gobelet de bronze, orné de graphites. Bonne patine. Haut. 0^{m}05.

22 — Anse de vase, terminée par une tête de Méduse de face formant mascaron. Bon style et jolie patine brillante. Haut. 0^{m}15.

23 — Manche de patère, terminé par une tête de bélier. Bonne patine. Long. 0^{m}14.

24 — Tête de bélier, comme ci-dessus, sans le manche. Long. 0ᵐ05.

25 — Strygile en bronze, bien conservé. Long. 0ᵐ20.

26 — Grand Miroir formé d'un disque rattaché par un
manche ornementé, mais dont la tige est
cassée. Bonne patine. Diam. 0ᵐ175.

27 — Autre Miroir, auquel on a ajouté un manche qui
lui est étranger. Bonne patine. Diam. 9ᵐ16.

28 — Deux Haches et un Fer de lance. Bonne patine.

29 — Un grand Chandelier. Haut. 0ᵐ20.

30 — Anneau terminé par une tige ; entre l'anneau et
la tige on a sculpté très finement un petit rat
Joli objet d'une bonne patine. Haut. 0ᵐ095.

31 — Quatre Objets en argent bien conservés : un
Bracelet, une Fibule, une Cuillère et un petit
Marteau.

32 — Epervier sur une boîte rectangulaire. Bonne
patine. Bon style. Un des côtés de la boîte
manque. Long. 0ᵐ14 ; haut. 0ᵐ115.

———

TERRES CUITES

33 — Jeune Femme debout, complètement enveloppée
dans son châle, la tête voilée ; sur la tête un
petit chapeau pointu. La pose est pleine de
grâce et d'élégance. La plinthe moderne (Tanagra). Haut. 0ᵐ23.

34 — Jeune Femme debout, pose à peu près analogue, mais la tête est nue. Jolie statuette, la tête très fine (Tanagra). Haut. 0^{m}21.

35 — Jeune Femme debout, un des bras est enveloppé dans le châle, l'autre tient un éventail ; sur la tête le petit chapeau. Jolie statuette, trace de couleur (Tanagra). Haut. 0^{m}20.

36 — Jeune Femme debout, le bras droit enveloppé, la main gauche relevant la draperie ; la tête qui est nue est fort jolie ; la pose élégante ; trace de couleur (Tanagra). Haut. 0^{m}18.

37 — Autre Statuette, entièrement enveloppée, la tête nue ; trace de couleur. La plinthe cassée (Tanagra). Haut. 0^{m}175.

38 — Femme debout, complètement enveloppée, la tête nue ; trace de couleur (Tanagra). Haut. 0^{m}16.

39 — Femme debout, même type, mais la tête voilée (Tanagra). Haut. 0^{m}16.

40 — Jeune Femme assise sur un rocher, dans une attitude pleine de grâce ; la tête est nue et penchée, les deux bras sont enveloppés dans la draperie (Tanagra). Charmante statuette d'une grande finesse ; la figure est particulièrement jolie. Trace de couleur. Haut. 0^{m}145.

41 — Autre jeune Femme assise sur un rocher, les bras nus, tenant une boule rouge. Egalement jolie, la pose gracieuse. Trace de couleur (Tanagra). Haut. 0^{m}14.

42 — Danseuse, type gracieux, mais brûlé. Haut. 0^{m}23.

43 — Femme diadémée et drapée, style archaïque. Haut. 0^{m}25.

44 — Vénus tenant la pomme, style archaïque. Haut. 0^m23.

45 — Terre cuite très primitive, ornements coloriés. Haut. 0^m20.

46 — Terre cuite égyptienne : Femme tenant un flambeau. Haut. 0^m10.

47 — Applique en terre cuite : un Coq, bon style. Haut. 0^m095.

48 — Applique en terre cuite : un Sphinx, bon style. Haut. 0^m095.

49 — Masque tragique, terre cuite d'un bon style ; trace de couleur. Haut. 0^m10.

50 — Autre Masque tragique, également d'un bon style ; trace de couleur. Haut. 0^m10.

51 — Terre cuite de Chypre : Buste diadémé. Haut. 0^m07.

52 — Autre Terre cuite, seulement la tête. Haut. 0^m06.

53 — Chypre : Tête nue de femme, très gracieuse. Haut. 0^m05.

54 — Tête d'un Ephèbe, tête cuite italienne d'un haut relief et d'un bon style, la base un peu cassée. Haut. 0^m25.

VASES PEINTS

55 — Rhyton, tête de femme servant de base à une OEnochoë, style remarquable ; sur le col des ornements blancs. Haut. 0^m18.

56 — Rhyton, en forme de canard, objet curieux et bien conservé. Long. 0^m08; haut. 0^m06.

57 — Rhyton, tête de bélier, petit objet fort joli et très rare. Long. 0^m08; haut. 0^m06.

58 — Lécythus d'Athènes, à fond blanc, sur lequel est dessiné au trait rehaussé de couleur rouge Apollon et une Muse. Ces dessins bien conservés sont d'une pureté remarquable. On rencontre rarement un Lécythus athénien dans de semblables conditions. Haut. 0^m25.

59 — Autre Lécythus d'Athènes, femme assise au trait sur fond blanc, également bien conservé. Haut. 0^m14.

60 — Grand Vase de la Décadence, dessins rouge et noir : Femme assise et Génie hermaphrodite. Haut. 0^m45.

61 — Grand Cratère, fond noir, ornementation en peinture blanche. Haut. 0^m20; diam. 0^m28.

62 — Vase de Camiros, cratère très ouvert, fond jaune, dessins noir et rouge, représentant des oiseaux et des harpies. Bon style. Haut. 0^m135; diam. 0^m20.

63 — Vase à une anse, décor rouge et noir, représentant un cavalier et un suivant, d'un style archaïque. Haut. 0^m155.

64 — Coupe archaïque; à l'intérieur, un cavalier; autour, huit guerriers combattant. Diam. 0^m24.

65 — Guttus; fond noir, sur lequel sont représentés deux Griffons, peints en rouge. Diam. 0^m08.

66 — Vase à une anse de Camiros, fond jaune, décor noir et rouge, représentant une harpie et deux panthères. Haut. 0^{m}155.

67 — Deux Flacons en forme de lécythus, offrant une jolie ornementation rouge et blanc. Haut. 0^{m}22.

68 — Vase à deux anses, d'un admirable vernis noir. Haut. 0^{m}16.

69 — Vase à trois anses, également d'un admirable vernis noir. Haut. 0^{m}18.

70 — Petit Vase noir à deux anses, d'un beau vernis noir, orné de très jolis graphites. Haut. 0^{m}9.

71 — Neuf Vases noirs, de formes différentes.

72 — Jolie collection de trente-deux Vases de Chypre, de formes et de dimensions différentes, la plupart bien conservés.

73 — Neuf Lampes antiques, ornées de jolis sujets.

74 — Une Lampe chrétienne avec la croix.

75 — Grand Vase étrusque de la décadence, fond noir, dessins rouges, représentant d'un côté une Femme et un Génie hermaphrodite, de l'autre deux personnages. Haut. 0^{m}50.

76 — Grand Vase de Chypre jaune, ornements violets. Haut. 0^{m}45.

77 — Applique en terre cuite, représentant une femme vue à mi-corps (Tanagra). Hant. 0^{m}30.

78 — Assiette de Camiros, décorée d'une harpie d'un bon style, peinte en rouge et noir. Haut. 0^{m}18.

79 — Trois Vases en albâtre.

VERRES PHÉNICIENS

80 — Flacon, fond bleu, ornementation très brillante, blanc et jaune. Haut. 0ᵐ12.

81 — Flacon fond bleu, les ornements blancs. Haut. 0ᵐ10.

82 — Flacon fond noir, les ornements blancs. Haut. 0ᵐ13.

83 — Flacon fond bleu, les ornements bleu-clair et jaunes. Haut. 0ᵐ09.

84 — Flacon fond vert, les ornements jaunes. Haut. 0ᵐ09.

85 — Petite Hydrie fond noir, les ornements jaunes Haut. 0ᵐ09.

86 — Même forme, fond blanc, les ornements jaunes et bleu-clair. Haut. 0ᵐ08.

87 — Même forme, fond blanc, les ornements violets. Haut. 0ᵐ08.

88 — OEnochœ, fond blanc, les ornements jaunes et bleu-clair. Haut. 0ᵐ08.

VERRES DE COULEUR

89 — Petite Bouteille en verre violet. Haut. 0ᵐ98.

90 — Autre Bouteille le fond strié, verre violet. Haut. 0ᵐ06.

91 — Flacon à une anse, verre violet. Haut. 0^m09.

92 — Flacon, verre jaune. Haut. 0^m07.

93 — Autre Flacon, forme différente, verre jaune. Haut. 0^m06.

94 — Autre Flacon, forme différente, verre bleu. Haut. 0^m10.

95 — Trois petits Flacons bleus et verts.

———

VERRES BLANCS

96 — Lacrimatoire, traces d'irisation. Haut. 0^m19.

97 — Autre Lacrimatoire, traces d'irisation. Haut. 0^m17.

98 — Autre Lacrimatoire, traces d'irisation. Haut. 0^m15.

99 — Autre Lacrimatoire, traces d'irisation. Haut. 0^m16.

100 — Lot de quatre Lacrimatoires, irisés.

101 — Flacon offrant une anse très ornée. Haut. 0^m145.

102 — Même forme. Haut. 0^m125.

103 — Flacon à anse, forme moins haute, légère irisation. Haut. 0^m10.

104 — Forme à peu près semblable. Haut. 0^m11.

105 — Forme à peu près semblable. Haut. 0^m11.

106 — Forme différente, très large à la base. Hat. 0^m10.

107 — Flacon, traces d'irisation. Haut. 0^m05.

108 — Petit Vase à deux anses. Haut. 0^m115.

109 — Guttus, traces d'irisation. Haut. 0^m055.

110 — Même forme, verre verdâtre très épais, monture en bronze. Haut. 0ᵐ08.

111 — Verre à boire, traces d'irisation. Haut. 0ᵐ055.

112 — Autre Verre, le goulot plus étroit. Haut. 0ᵐ045.

113 — Autre Verre, forme différente, irisation. Haut. 0ᵐ06.

114 — Autre Verre, forme semblable. Haut. 0ᵐ055.

115 — Autre Verre, le goulot plus long et moins large. Haut. 0ᵐ08.

116 — Autre Verre, même forme. Haut. 0ᵐ085.

117 — Vase à une anse, forme rare. Haut. 0ᵐ06.

118 — Verre à boire, verre blanc très mince, offrant de chaque côté une dépression régulière, forme rare. Haut. 0ᵐ085.

119 — Asssiette en verre blanc, traces d'irisation. Diam. 0ᵐ165.

120 — Coupe en verre vert, les côtés ornés de raies perpendiculaires, bien intacte, forme rare. Diam. 0ᵐ155.

121 — Bouteille en verre blanc. Haut. 0ᵐ17.

122 — Bouteille à une anse, verre blanc bien intact. Haut. 0ᵐ25.

123 — Un lot de différents petits Verres non catalogués, plusieurs bien irisés.

PETITS ÉGYPTIENS EN TERRE ÉMAILLÉE

124 — Jolie Statuette de la déesse à tête de lionne. Haut. 0ᵐ09.

125 — Joli Groupe d'Osiris, Isis et Horus. Haut. 0ᵐ04.

126 — Horus, jolie statuette. Haut. 0ᵐ045.

127 — Personnage à tête de cigogne, très fin. Haut. 0ᵐ035.

128 — Lot de huit Divinités et de deux Scarabées en terre émaillée.

CYLINDRES BABYLONIENS

129 — Un très joli Cylindre en hématite, offrant en creux cinq personnages, dont un assis.

130 — Six Cylindres en hématite.

CAMÉES

131 — Tête de femme, relief blanc sur fond noir monté en épingle.

132 — Bacchanale, trois personnages dansant, d'un blanc mat, se détachant sur un fond blanc transparent. Joli camée monté en épingle.

133 — Deux Amours dans un char traîné par deux dauphins ; personnages blanc mat, se détachant sur un fond transparent monté en bague ;

134 — Petit Camée représentant une tête d'Empereur,
onyx à deux couches; monté en bague.

135 — Deux petits Camées; un monté en bague.

136 — Camée en émeraude, représentant une tête de
Méduse, dans une très riche monture ornée
d'émeraude et de perles.

INTAILLES

137 — Tête de Jupiter, vue de face, belle sardoine, bon
style, montée en bague.

138 — Grillus, sardoine, monté en bague.

139 — Petit Personnage sacrifiant, prime d'émeraude,
bon style, monté en bague.

140 — Tête de Titus améthyste, montée en bague.

141 — Personnage construisant un bateau ; sardoine,
scarabée coupé, bon style, monté en bague.

142 — Capricorne, petit rouge antique, monté en bague.

143 — Amour conduisant un quadrige, agate ruba-
née, bon style, monté en bague.

144 — Tête d'Hercule, onyx à trois couches, monté en
bague.

145 — Masque, onyx à trois couches, monté en bague.

146 — Deux Bagues, lion et gryphon.

147 — Treize petites Pierres gravées, non montées.

BIJOUX ANTIQUES

148 — Diadème en or, formé d'une bande d'or ayant deux centimètres de large et vingt-neuf de longueur, offrant quelques ornements.

149 — Curieux Masque en or, repoussée d'une tête barbue sur le front, le soleil et le croissant. Grandeur 0m045.

150 — Bague tout en or ; sur le chaton une jeune fille sacrifiant. Bijou rare et d'un bon style.

151 — Paire de Boucles d'oreilles en filigrane, terminées par une tête de lion. Joli bijou.

152 — Une autre Boucle semblable, dépareillée.

153 — Petit Pendentif, représentant un Génie ailé. Petit bijou bien conservé et très fin.

154 — Deux petits Bijoux d'un joli travail.

MONNAIES ANTIQUES

155 — Quatre Statères d'or d'Alexandre, montés en boutons de manchettes.

156 — Diverses Médailles montées en bijoux.

157 — Un certain nombre de Monnaies modernes, la plupart anglaises.

MÉDAILLES DES XVE ET XVIE SIÈCLES

158 — Leonel d'Este, ℞ Masque d'enfant à trois visages. (Pisanello).

159 — Sigismond-Pandolphe Malatesta, ℞ le Château d'Arimini. (Matteo de Pasti.)

160 — Marie Tudor, ℞ la Paix brûlant un monceau d'armes. (J. Trezzo). Percée.

161 — Marie-Madeleine, duchesse de Mantoue, sans revers (Dupré).

162 — Quatre Pièces non décrites.

BIJOUX MODERNES

163 — Tabatière en or guilloché et gravé, époque de l'Empire.

164 — Épingle de cravate en or mat.

165 — Épingle de cravate ornée d'une perle baroque, montée en or.

166 — Deux Épingles, boules en lapis et corail, avec petits brillants, monture or.

167 — Épingle or et argent forme oiseau.

168 — Une paire de Boutons de manchettes doubles, un Bouton de col, deux Boutons de devant et quatre Boutons de gilet, en or mat enrichis de saphirs cabochons.

169 — Garniture de chemise, Boutons manchettes, de col et de devant en or mat.

170-179 — Dix Bagues en or de divers modèles.

180 — Paire de Boutons de manchettes en or gravé.

181 — Deux Boutons de chemise en or.

182 — Une Garniture de Boutons en corail.

183 — Cinq Boutons de col en or et pierreries.

184 — Quatre Boutons de gilet en or et émail.

185 — Quatre Boutons de chemise en onyx et petits brillants.

186 — Neuf Boutons de chemise de divers modèles.

187 — Trois Boutons de gilet en grenats, monture or.

188 — Une Paire de Boutons de manchettes doubles en lapis et or.

189 — Porte-mine en argent doré.

190-194 — Cinq Épingles de cravate de fantaisie.

195 — Trois Boutons de chemises en corail.

196 — Quatre Boutons de gilet en corail.

197 — Paire de Boutons de manchettes doubles en corail.

198 — Paire de Boutons de manchettes doubles en or.

199 — Dix Boutons de gilet en lapis.

200 — Paire de Boucles d'oreilles, Broche et Collier en onyx d'Allemagne.

201 — Cachet en or orné d'une Cornaline gravée.

202 — Bague montée de cinq brillants.

203 — Bague montée de cinq saphirs.

204 — Bague montée de cinq perles.

205 — Bague marquise et en brillants et turquoises taillées.

206 — Bague montée d'une émeraude entourée de petits brillants.

2 — Bague en or à chaton carré, monté d'une turquoise et de petits brillants.

208 — Bague enrichie d'un rubis et de deux brillants.

209-211 — Trois Bagues diverses.

212 — Demi-Parure en cristal composé d'un médaillon
et de deux boutons de manchettes.

213 — Broche à châle en or et argent avec médaille.

214 — Deux Parures en filigrane d'argent doré.

215 — Médaillon en filigrane d'argent doré.

216 — Bracelet en agate avec cœur pendentif, monture
en or.

217 — Broche en corail, monture or.

218 — Broche branches de laurier, monture or.

219 — Paire de Pendants d'oreilles en corail, monture
en or.

220 — Paire de petits Pendants d'oreilles en or.

221 — Petite Broche en or avec inscription : « Baby »
sur émail.

222 — Petite broche, scarabée émaillé, monture or.

223 — Paire de Boucles d'oreilles en or, modèle anneau.

224 — Paire de Boutons de manchettes en or mat.

225 — Paire de Boucles d'oreilles anneau en or avec
poires mobiles.

226 — Deux Broches en argent.

227 — Broche en argent doré, forme carquois.

228 — Broche en argent et agate herborisée?

229 — Médaillon or filigrané.

230 — Paire de Boucles d'oreilles en or et cristal.

231 — Petite Broche en or, forme roue.

232 — Collier serpentin en or.

233 — Collier modèle souple en or.

234 — Croix en agate d'Allemagne, monture en or émaillé.

235 — Paire de Pendants d'oreilles, or mat et turquoises.

236 — Paire de Pendants d'oreilles en onyx, monture or.

237 — Broche en or, tête de bélier.

238 — Deux Épingles de coiffure en argent doré.

239 — Broche en or.

240 — Croix en or et corail enrichie de roses.

241 — Broche ronde en or.

242 — Grand Médaillon en onyx, monture or.

243 — Broche forme fer à cheval en or.

244 — Dèux Broches forme croix en or mat.

245 — Broche camée, monture or filigrané.

246 — Broche en argent repercé.

247 — Six Boutons en argent repercé avec perles.

248 — Broche en or enrichie de péridots.

249 — Flacon double forme ronde, monture or.

250 — Bracelet jonc en or.

251 — Cassolette formée d'une griffe, monture argent doré.

252 — Bracelet oriental en or, modèle câble.

253 — Bracelet en or repoussé, enrichi de chatons en pierreries.

254 — Collier en or mat avec pampilles en corail.

255 — Bracelet souple en filigrane d'argent doré.

256 — Peigne en or et corail.

257 — Boîte à allumettes en or, couvercle pavé de turquoises et de demi-perles.

258 — Boîte à rouge en argent incrusté.

259 — Flacon à sel, monture en argent doré.

260 — Flacon en agate, bouton en jade, monture or.

261 — Paire de belles Boucles d'oreilles, ornées cha-
cune d'un brillant entouré de brillants.

262 — Chaine de cou en or.

263 — Coulant monté d'un brillant entouré de brillants.

264 — Bracelet mi-jonc en or mat.

265 — Carnet de bal en ivoire, monture en argent gravé.

265 *bis* — Eventail en écaille avec chiffre en diamants.

265 *ter* — Quatre autres Eventails.

ARGENTERIE

266 — Petit Plateau ovale à quatre pieds en argent,
style Louis XV.

267 — Plateau rond en argent russe.

268 — Deux Plats ovales à bords festonnés en argent.

269 — Soupière avec couvercle surmonté d'une grenade
en argent, époque Louis XVI.

270 — Plat rond à bords festonnés en argent ancien.

271 — Jolie Coupe en argent repoussé, en partie
doré, intérieur doré, décoré d'oiseaux et arabesques, style Louis XIII.

272 — Grand Plateau rond en argent gravé avec armoiries au centre, bordure à tors de laurier. Travail d'Odiot.

273 — Plateau à quatre pieds en argent doré, bordure à
coquilles, époque louis XV.

274 — Petit Plateau oblong à quatre pieds en argent,
style Louis XV.

275 — Plat rond à bords festonnés, époque Louis XV.

276 — Bouilloire avec trépied et sa lampe en argent
gravé et ciselé, style Louis XV.

277 — Saucière à deux anses en argent, époque
Louis XV.

278 — Grande et belle Bouilloire avec trépied et réchaud en argent repoussé et ciselé, style
Louis XVI. Travail d'Odiot.

279 — Cafetière, Théière, Pot à crème, Sucrier, Bol,
Boîte à thé et sa cuillère, en argent même modèle. Travail d'Odiot.

280 — Corbeille à pain en argent repoussé, époque
Louis XVI.

281 — Théière avec plateau en argent gravé, modèle
cotelé, époque Louis XVI.

282 — Vidrecome en argent avec armoiries gravées.

283 — Sucrier élevé sur quatre pieds en argent, forme
Louis XVI.

284 — Hanap en argent gravé orné d'un mascaron ciselé,
époque Louis XIV.

285 — Cafetière en argent, époque Louis XIV.

285 *bis* — Petite Cafetière en argent, vieux français
Louis XVI.

286 — Gobelet à anse en argent repoussé et gravé, époque Louis XIV.

287 — Boîte oblongue en argent gravé, représentant une scène de fumeurs dans des rocailles, époque Louis XV.

288 — Petite Saucière à trois pieds, époque Louis XV.

289 — Gobelet en argent gravé à fleurs, intérieur doré.

290 — Bougeoir en argent vieux français, époque Louis XVI.

291 — Pot à crème en argent uni, époque Louis XVI.

292 — Petite Coupe à déguster, oraée de médailles, époque Louis XV.

293 — Porte-Cigares en argent, intérieur doré.

294 — Petit Crémier en argent gravé, époque Empire.

295 — Porte-Cigarettes en argent gravé.

296 — Boîte à poudre en argent uni.

297 — Coupe en argent repoussé, travail gréco-russe.

298 — Vidrecome en argent repoussé, décor à bossages. époque Louis XIV.

299 — Gobelet en argent repoussé décoré d'écussons et d'enroulements, époque Louis XIV.

300 — Timbale en argent repoussé, à fleurs, époque Louis XIV.

301 — Coupe tripode en argent cotelé, époque Louis XIV.

302 — Six Salières en argent, style Louis XVI.

303 — Petite Coupe à déguster en argent repoussé, époque Louis XIV.

304 — Bonbonnière carrée en argent repoussé, époque Louis XV.

305 — Porte-Tasse en argent repoussé, époque Louis XV.

306 — Tabatière en argent, intérieur doré, avec médaillon représentant Marie-Thérèse.

307 — Petit Moulin à Poivre en argent.

308 — Boîte à mouches en écaille, piquée d'argent.

309 — Grande Théière en argent, bordure cotelée.

310 — Porte-Cigarettes en argent niellé.

311 — Boîte, forme sifflet, en argent niellé.

312 — Coupe-Papier en argent ciselé à sujets de chasse, lame gravée.

313 — Petite Boîte à sel, en argent, travail russe.

314 — Petit Plateau en argent repoussé et gravé, bordure et coquilles.

315 — Deux Dessous de Carafes en argent, modèles à galeries et guirlandes, style Louis XVI.

316 — Boîte à allumettes en argent gravé.

317 — Petite Cassolette octogone en argent gravé.

318 — Encrier Persan en argent gravé.

319 — Truelle à poisson en argent.

320 — Moutardier, forme ovale, époque Empire.

321 — Réchaud forme lampe grecque, en argent, avec anse formé par des serpents.

322 — Petite Coupe à deux anses, en argent, époque Louis XIV.

323 — Cendrier et Pelle à cendre en argent.

324 — Petit Poivrier en argent.

325 — Cachet en argent.

326 — Boîte à allumettes en argent doré et guilloché.

327 — Deux Boîtes à betel en argent gravé, travail
d'Orient.

328 — Petit Baquet en argent.

329 — Poudrière a sucre en argent, époque Louis XV.

330 — Moutardier en argent, fond en verre bleu, époque
Louis XVI.

331 — Gobelet en argent gravé, supporté par trois têtes
de chérubins, époque Louis XIV.

332 — Deux poivriers en argent, époque Louis XVI.

333 — Boîte rectangulaire, en argent gravé, intérieur
doré.

334 — Petit Vase en argent martelé, style Louis XVI.

335 — Petite Corbeille en argent. époque Louis XV.

336 — Boîte à cachou, de forme carrée, en argent, avec
armoiries gravées.

337 — Boîte à allumettes en argent ciselé, travail russe.

338 — Enveloppe de boîte à allumettes en argent.

339 — Coupe en argent uni, époque Louis XVI.

340 — Petit Plateau en argent.

341 — Joli petit Sucrier en argent gravé, décoré d'ornement , époque Louis XIV.

342 — Ciseau à raisin en argent ancien.

343 — Couteau avec manche en argent, forme lion
héraldique, xviiᵉ siècle.

344 — Pince à sucre en argent, époque Empire.

345 — Bonbonnière ronde en argent uni, époque Louis XVI.

346 — Petit Plateau ovale à quatre pieds, en argent, époque Louis XVI.

347 — Ménagère en argent, style Louis XVI.

348 — Porte-Huilier en argent, époque Louis XIV.

349 — Aiguière à Xérès en verre gravé, monture en argent, décor à rocailles.

350 — Aiguière en verre gravé, monture en argent repoussé et doré.

351 — Sucrier en argent uni, vieux français, Louis XVI.

352 — Deux séries de boutons en argent.

353 — Plat à soufflés en argent.

354 — Paire de petits Flambeaux en argent, vieux français, époque Louis XIV.

355 — Petit Mètre en argent.

356 — Cuiller à sucre en argent doré.

357 — Six Cuillers de table en argent.

358 — Cuiller à ragoût en argent.

359 — Louche en argent.

360 — Cuiller à sauce en argent.

361 — Sept Cuillers d'entremets en argent.

362 — Une Cuiller à compote en argent.

363 — Deux paires de Ciseaux à raisin en vermeil.

364 — Six Brochettes en argent.

365 — Douze petites Cuillers en argent doré et ciselé, forme feuille.

366 — Douze autres petites Cuillers, forme feuille, d'un autre modèle.

367 — Un Couvert à salade en argent.

368 — Six Fourchettes à melon, lames d'argent de Touron.

369 — Douze petites Cuillers en argent, en partie dorées.

370 — Onze Fourchettes et six Cuillers en argent.

371 — Une Cuiller à sucre, forme coquille, en argent.

372 — Une Truelle à poisson en argent.

373 — Une Cuiller à punch en argent.

374 — Six très petites Cuillers en argent.

375 — Deux Cuillers à café en argent anglais.

376 — Douze Couverts à entremets en argent.

377 — Douze Couteaux à lames d'argent.

378 — Une Pince à Asperges en argent.

379 — Six Cuillers à bonbons en argent.

380 — Deux petites Cuillers à bonbons en argent doré.

381 — Une petite Cuiller à sucre en argent.

382 — Une Cuiller à moelle en argent anglais.

383 — Une Cuiller à verre d'eau en argent doré et ciselé.

384 — Une Cuiller à compote en argent anglais.

385 — Onze Etiquettes à vins fins et à liqueurs, en argent et argenture.

386 — Petite Cafetière en argent vieux français, Louis XVI.

387 — Une Pelle à thé en argent.

388 — Six Fourchettes et deux cuillers en argent.

389 — Six Couteaux à dessert, manches en nacre, lames en argent.

390 — Deux Cuillers à café en argent français.

391 — Trois Cuillers à café en argent anglais.

392 — Six Fourchettes à huitres en argent.

393 — Une Cuiller à mœlle en argent.

394 — Dix Cuillers à sel en argent.

395 — Un Couteau à beurre en argent.

396 — Petite Boîte en filigrane d'argent.

397 — Petite Coupe en filigrane d'argent.

398-400 — Trois petites Jonques en argent, travail chinois.

401-404 — Quatre petites Boîtes en argent, dont deux filigranées.

405 — Deux petits Quadrupèdes en argent, sur socle en granit rose d'Orient.

406-407 — Deux petites Bonbonnières en argent doré avec médailles sur le couvercles.

————

ARGENTURE

408 — Plateau rond en argenture de Christofle, reproduction du Trésor de Hildesheim.

409 — Plateau à trois pieds en métal argenté.

410 — Boîte à biscuit en argenture.

411 — Deux Sucriers en argenture, bordure ciselée.

412 — Deux Sucriers, fond en verre bleu, monture en argenture, style Louis XVI.

413 — Théière en argenture unie.

414 — Deux Légumières en argenture Christofle.

415 — Deux Légumières rectangulaires, à double fond, en argenture, avec ornements ciselés.

416 — Moulin à poivre en argenture.

417 — Grand Bol à champagne en métal argenté et gravé.

418 — Six petits Plateaux en argenture de Christofle, forme Louis XVI.

419 — Aiguière en verre, monture en métal dorée.

420 — Trois Coquetiers en argenture, avec porte-coquetier.

421 — Porte-Pickles en argenture.

422-423 — Deux Plateaux oblongs, en argenture Christofle, reproduction du Trésor de Hildesheim, l'un d'eux en partie doré.

424 — Porte-Flacon en argenture, avec trois Flacons en verre gravé.

125 — Paire de Flambeaux en bronze argenté et ciselé, époque Louis XIV.

426 — Grand Plateau ovale à deux anses, en argenture gravée, style Louis XVI.

427 — Saladier anglais, en bois, garniture en métal argenté.

428 — Aiguière en verre gravé, monture argentée.

429 — Diverses pièces en plaqué et argenture : Réchauds, Cloches, Porte-Rotis, Fourchettes, Cuillers, Truelle à poisson, Pelles à bonbons, Pinces à sucre, Fourchettes à pickles, Casse-noix, etc.

———

PORCELAINES

430 — Compotier en ancienne porcelaine de Chine, décor à paysage et figures.

431 — Paire de petits Vases en porcelaine de Chine, décor bleu turquoise et violet.

432 — Deux Seaux en ancienne porcelaine de Saxe, forme rocaille, décor à fleurs.

433 — Paire de Candélabres, formés de flacons à pans, en ancien Chine, décorés de paysages et d'oiseaux, montés de bouquets de fleurs, à 4 lumières, en bronze doré.

434 — Deux Cornes d'appliques en porcelaine d'Allemagne, décor à fleurs et draperies.

435 — Deux Jardinières en porcelaine, genre chinois, décor à fleurs et oiseaux.

436 — Jardinière en ancienne porcelaine de Chine, décor à fleurs, monture en bronze, style Louis XVI.

437 — Jardinière en ancienne porcelaine de Chine, de la famille verte, décor à fleurs et oiseaux.

438 — Assiette en vieux Chine de la famille verte, décor à fleurs.

439 — Petit Flacon à thé en ancienne porcelaine de l'Inde, décor marine.

440 — Petit Plateau en ancienne porcelaine de Chine, décor à figures.

441 — Petite Jardinière en ancienne porcelaine de Chine, décor à fleurs, monture en bronze doré.

442 — Plateau, forme feuille, en porcelaine de Saxe, décor à oiseaux et fleurs.

443 — Boîte à thé en porcelaine de Saxe, décor à fleurs.

444 — Petit Pot à pommade en vieux Sèvres.

445 — Cache-Pot en Chine, décor en bleu sur blanc.

446 — Petite Soucoupe de Satzuma, décor à paysage.

447 — Boîte rectangulaire en porcelaine d'Allemagne, le couvercle décoré d'un sujet : la Musique.

448 — Deux petites Figurines en porcelaine de Fursten-berg.

449 — Deux jolis Flacons, forme potiches, en ancienne porcelaine de Chine, décor bleu sur blanc, monture en bronze doré, style Louis XIV.

450 — Une paire de Candélabres en ancienne porcelaine de Chantilly, décor style chinois, monture en bronze doré, à 3 lumières.

451 — Deux Cornets cylindriques en vieux Chine de la famille verte, décor à fleurs.

452 — Seau en porcelaine de vieux Paris, décor à paysages et volatiles.

453 — Potiche avec couvercle en vieux Chine, décor à fleurs en bleu sur blanc.

454 — Grand Plat rond en vieux Chine, décor à fleurs.

455 — Grand Compotier en vieux Chine, décor à fleurs.

456 — Plat rond en ancienne porcelaine de l'Inde, décor à rehauts d'or.

457 — Potiche avec couvercle en ancienne porcelaine de Chine, décor à fleurs et entrelacs en bleu sur blanc.

458 — Petite Jardinière avec Soucoupe en vieux Chine. décor à fleurs.

459 — Potiche avec couvercle en vieux Chine, décor à arabesques en bleu sur blanc.

460 — Plat creux en vieux Chine de la famille rose, décor à fleurs.

461 — Grand Compotier en vieux Chine de la famille verte, décoré d'objets d'ameublement, bordure à semis de fleurs.

462 — Deux Flacons carrés en porcelaine moderne, genre du Japon, décor polychrome.

463 — Deux petits Candélabres formés par des vases en vieux Chine de la famille verte, décor à corbeilles de fleurs avec bouquets à 3 lumières.

464 — Seau en ancienne porcelaine de Boisette, décor à volatiles.

465 — Deux petits Vases-Cylindres en vieux Chine, décor à figures.

466 — Jardinière en poterie algérienne avec son Plateau.

467 — Cafetière en vieux Japon, décor bleu.

468 — Porte-Bouquets, formé par un groupe de vases, décor bleu.

469 — Plat du Japon, décor bleu.

470 — Petit Seau de Vienne, décor à médaillon et guirlandes de lauriers, avec Soucoupe de Saxe, décor à fleurs.

471 — Petite Boîte de Wedgwood.

472 — Bol de vieux Chine, famille rose, décor à fleurs.

473 — Deux Cornets en porcelaine, genre Chine, décor à oiseaux et paysages.

474 — Garniture de trois jardinières en porcelaine, genre Chinois, décor à fleurs et oiseaux, monture en bronze, ornée de dragons.

475 — Lampe de céladon, bleu turquoise, monture en cuivre.

476 — Paire de Vases cylindriques du Japon, décor bleu.

477 — Quarante-quatre Assiettes en porcelaine de Chine.

FAIENCES

478 — Plat rond en faïence de Pesaro, décor représentant au centre un saint en prières et sur le bord des compartiments à écailles de poissons et à ornements, xvi° siècle

479 — Plat rond et creux en faïence hispano-arabe, décor à reliefs mordorés, xvi° siècle.

480 — Plat rond en ancienne faïence de Perse, décor de fleurs et de feuillages.

481 — Plat rond en ancienne faïence de Perse, fond vert au centre, fleurs et feuillages.

482 — Petite Soucoupe en ancienne faïence de Rhodes, décor polychrome.

483 — Plat creux et Jardinière en poterie algérienne.

484 — Plat creux en ancienne faïence de Perse, décor de gerbes et de couronnes de fleurs.

485 — Plat creux en ancienne faïence de Perse, décor de tulipes et de feuillages.

486 — Plat rond en ancienne faïence de Perse, décor à
arabesques et fleurs.

487 — Plat rond en ancienne faïence de Perse, décor à
semis de fleurs.

488 — Plateau hexagonal en faïence de Perse, décor à
fleurs, monture en cuivre.

489 — Bouteille en faïence de Perse, décor bleu sur
blanc.

490 — Vase en faïence orientale, décor bleu sur fond
jaune.

491 — Petit Cornet en terre vernissée, décor tacheté de
bleu, à médaillons à figures.

492 — Petit Pot à anse en faïence persane, décor à
fleurs et à arcades.

493 — Deux Pantoufles en faïence de Delft, décor vio-
lacé.

494 — Soucoupe et Tasse en ancienne faïence de Perse,
décor polychrome.

VERRERIE

495 — Grand Verre gravé de Bohème, décor à fleurs et
médaillons à oiseaux.

496 — Deux Flacons avec petits Plateaux en verre de
Venise.

497 — Deux Flacons en verre de Bohème.

498 — Cendrier en verre émaillé.

499 — Petite Coupe en verre de Venise filigrané.

500 — Petit Porte-Bouquets en verre de Venise.

501 — Petit Plateau en verre émaillé.

502 — Verre de Venise, couleur agate.

503 — Gobelet en verre de Venise.

504-511 — Environ vingt Carafons en verre de Venise.

ARMES

512 — Joli petit Flissah avec manche et fourreau argent, xviie siècle.

513 — Couteau oriental à lame de damas incrusté et poignée en jade vert, xviie siècle.

514 — Poignard vénitien, manche en bois, garniture argentée, xviie siècle.

515 — Dague en fer, à lame quadrangulaire, poignée à torsade xviie siècle.

516 — Épée à lame fine, signée *Cro. cifisso. in. Alemagna* et de l'autre côté : *Santa. santissimus*. Poignée en fer finement ciselé avec garde à coquille représentant des cavaliers en armure et des guirlandes de fruits. Pommeau à figures xvie siècle.

517 — Épée à lame longue portant l'inscription : *No. me. enbaines. Sin. honor.* au dessus : *Gosalès* et de l'autre côté : *No. me. Saqves. sin. rason*, au-dessus : *Manel*, poignée en fer ajourée avec garde à corbeille, à quillon droit, xvie siècle.

518 — Couteau à lame plate et gravée, poignée garnie
en argent, XVII⁰ siècle.

OBJETS EN CUIVRE ET EN FER

519 — Vase à col allongé en cuivre gravé de Perse, représentant de nombreux pereonnages et des
arabesques.

520 — Vase à col allongé en cuivre gravé de Perse
offrant des médaillons et des frises à figures et
animaux.

521 — Tabouret oriental en cuivre gravé, à rosaces
et ornements.

522 — Vase en cuivre gravé d'Orient, couvert d'ornements avec bordure à jours.

523 — Petit Seau en cuivre rouge martelé. Époque
Louis XIII.

524 — Petit Brasero en cuivre finement gravé d'Orient,
décoré d'inscriptions et de rosaces, XVI⁰ siècle.

525 — Dessus de narghilé en cuivre d'Orient, incrusté
de turquoises.

526 — Petit Brasero en cuivre gravé d'Orient, décoré
d'ornements, rosaces et inscriptions.

527 — Petite Jardinière en cuivre gravé d'Orient décorée d'inscriptions, de médaillons à carre-
lages et de dessins mosaïques.

528 — Petit Plateau rond en cuivre gravé d'Orient.

529 — Jardinière en cuivre étamé et |gravé, représentant des portails de mosquée. Travail oriental.

530 — Coupe en cuivre repercée et gravée, élevée sur trois pieds. Travail oriental.

531 — Deux plaques en cuivre repoussé et doré, représentant des vases de fleurs. Époque Louis XIII.

532 — Christ en cuivre bysantin.

533 — Deux Flambeaux en cuivre poli, forme oiseau fantastique. Style renaissance.

534 — Deux petits Seaux en cuivre repoussé, décor à feuillages. Époque Louis XIII.

535 — Sonnette en cuivre supportant un petit écran en laque.

536 — Petit Coffret en fer gravé, du xvi* siècle.

537 — Plat en cuivre repoussé. Style gothique.

538 — Petit Coffret en fer gravé et doré, décoré de personnages. xvii* siècle.

539 — Petit Coffret en cuivre repercé.

540 — Petit Vase en cuivre d'Orient,

541 — Petite Suspension en cuivre gravé et repercé, forme à pans. Travail d'Orient.

542 — Plateau en cuivre gravé d'Orient.

543 — Jardinière en cuivre rouge à godrons, montée sur un support en fer. Époque Louis XIII.

544 — Jardinière en cuivre à godrons.

545 — Jardinière en cuivre jaune à godrons.

546 — Brasero en cuivre gravé d'Orient, décor à inscriptions et ornements.

547 — Deux Chenets en fer et cuivre poli, Louis XIII.

548 — Lanterne en cuivre. Époque Louis XIII.

BRONZES

549 — Joli Pendule, forme monument en bronze doré, à guirlandes de lauriers et surmontée d'une urne. Époque Louis XVI, cadran signé Beaugrand.

550 — Deux paires de grandes Appliques à trois lumières, en bronze doré, à guirlandes de lauriers. Style Louis XVI.

551 — Jolie Horloge à clochetons en cuivre gravé. Époque Louis XIII.

552 — Statuette en bronze. Diane de Gabies, de Barbedienne.

553 — Deux Vases en bronze, décorés de sujets en bas-relief et de feuilles d'Acanthe sur socles en marbre noir.

554 — Deux Flambeaux en bronze, forme de lampes grecques, figures symbolisant l'Étude.

555 — Deux Flambeaux en bronze doré. Style Louis XIV.

556 — Paire de Chenets en cuivre poli, ornés de mascarons, surmontés de boules. Style Louis XIII.

557 — Grand et beau Cartel en bronze doré, Louis XVI, modèle à guirlandes, volutes et mascarons.

558 — Quatre pieds de coupe, en bronze doré. Style Louis XVI.

559 — Petite Jardinière en bronze ancien de chine, offrant en bas-relief, des chimères en furie dans les nuages.

560 — Cornet en bronze ancien de Chine, décoré en bas-relief.

561 — Statuette en bronze : La Vénus au Dauphin, sur
socle en bois noir incrusté de cuivre.

562 — Figurine en bronze, du xvie siècle, sur socle en
bois noir.

563 — Cornet à quatre faces, en bronze ancien de
chine.

564 — Statuette en bronze vert, d'après l'antique : Le
Silène.

565 — Vase forme vannerie, en bronze ancien de la
Chine.

566 — Porte-Allumettes en bronze, de Pautrot, représentant une nichée de lapins sur un baquet.

567 — Paire de petits Candélabres en bronze, à trois
lumières.

568 — Petit Héron en bronze.

569 — Deux petites Chimères en bronze ancien du
Japon.

570 — Trois Divinités indiennes, en bronze ancien.

571 — Encrier en bronze, forme Campana.

572 — Deux Bustes de César en bronze, rehaussés de
vestiges d'or, xvie siècle.

573 — Petit Buste en bronze « Homère » montée sur
colonnette en marbre.

574 — Encrier en bronze florentin, supporté par trois
lions.

575 — Petit Cheval en bronze de Mène.

576 — Petit Mortier en bronze, orné de mascarons et
de fleurs de lys, xvie siècle.

578 — Cendrier en bronze, décoré d'oiseaux et feuil-
lage en relief.

579 — Porte-allumettes en bronze de Cain, représentant un coq perché sur un panier.

580 — Figurine de femme en bronze vert, style grec.

581 — Deux petits Candélabres en bronze à 3 lumières.

582 — Deux petits Bustes en bronze argenté : Jean qui
rit et Jean qui pleure, socles en marbre vert.

583 — Lampe sur trépied en bronze, décoré de sujets en
bas-relief.

ÉMAUX CLOISONNÉS, MARBRES, IVOIRES
OBJETS DIVERS

584 — Petit Plateau rond en ancien émail cloisonné de
Chine, fond bleu turquoise, à fleurs.

585 — Paire de Lampes, forme de vases cylindriques,
en émail cloisonné du Japon, monture en
bronze noirci et frotté.

586 — Deux Cornets cylindriques en émail cloisonné du
Japon.

587 — Bassin en ancien émail cloisonné. Décor polychrome.

588 — Statuette en marbre blanc : la Vénus de Milo.

589 — Mortier en porphyre oriental.

590-594 — Dix-huit petits Groupes en ivoire japonais finement sculpté.

595 — Petite réduction de la Tour de Pise en albâtre.

596 — Figurine en terre cuite, par Ladrey : le Marchand de parapluies.

597 — Presse-Papier, forme éléphant, en ivoire.

598 — Petite Mosaïque rectangulaire, représentant des oiseaux becquetant autour d'une vasque.

599 — Cachet en cristal taillé, dans un écrin.

600 — Parchemin arabe couvert d'inscriptions.

601 — Trois Vases en grès de Flandres, décor bleu et gris.

602 — Deux Peintures sur verre, représentant des sujets historiques, xviie siècle.

603 — Encrier en agate d'Allemagne.

604 — Petit Lion en cuivre, sur socle en lapis.

605 — Coupe, formée d'un œuf d'autruche, montée en bronze doré.

606 — Grande Boîte ovale en écaille, piquée d'argent. Epoque Louis XV.

607 — Tabatière en écaille, ornée de piqué d'argent sur le couvercle et d'incrustations de burgau. Epoque Louis XIV.

LAQUES

608 — Plateau en laque du Japon, à rehauts d'or.

609 — Coffret en laque du Japon, fond noir, à rehauts d'or, avec armature en cuivre gravé, posé sur pied forme X.

610 — Support avec boîte en laque rouge, rehaussé d'or.

611 — Très petite Boîte en laque du Japon, forme plate.

612 — Trousse de médecin en laque du Japon, à rehauts d'or.

613 — Petit Flacon à thé en laque de Pékin.

614 — Petit Paravent à trois feuilles en laque du Japon, décor à paysages, rehaussé d'or, avec charnières et montures en cuivre gravé.

615 — Petite Etagère en laque du Japon, fond noir, à rehauts d'or.

615 *bis* — Boîte cylindrique en laque du Japon.

———

TABLEAUX, AQUARELLES, DESSINS

616 — **Boulon**. Intérieur d'église (Sépia).

617 — **Clerian**. Intérieur d'église (Aquarelle).

618 — **Corroil**. Campagne de Rome (Aquarelle).

619 — **Ellix** (Tristrom). Vue prise dans l'île de Chypre (Aquarelle).

620 — **Fielding** (Copley). Marine : Plage (Aquarelle).

621 — **Guardi** (Attribué à). Monuments à Venise (Sépia).

622-623 — **Gudin** (Théodore). Marines (2 sépias).

624 — **Hellouin**. Paysage avec cours d'eau (Dessin).

625 — **Herst** (A.). Intérieur de bois avec mare (Aquarelle).

626-630. — **Joyau**. Paysages, Ruines, Monuments (5 aquarelles).

631 — **Kellin** (1831). Vue de ville (Aquarelle).

632 — **Lanoue**. Palais des Césars (Pastel).

633 — **Martin** (Paul). Paysage avec cours d'eau (Aquarelle).

634 — **Millet** (J.-B.). Les Meules. Paysage avec poules (Aquarelle).

635 — **Vernet** (Genre de Joseph). Vue des environs de Gênes.

636 — **Wild** (William). Vue aux environs du Bosphore (Aquarelle).

637 — **Wild** (William). Vue d'un marché à Rome (Aquarelle).

638 — **Wild** (William). Paysage avec barque (Aquarelle).

639 — **Wild** (William). Vue prise à Venise (Aquarelle).

640-541 — **Wild** (William). Marines (Deux aquarelles).

642 — **Ziem** (Signé). Plaine (Aquarelle).

643 — **Ecole florentine** (xvıᵉ siècle). Joli portrait de patricienne feuilletant un livre. (Cadre ancien).

644 — **Ecole italienne**. Deux Portraits de Saintes dans un même cadre en bois sculpté et doré.

645 — **Ecole italienne**. Huit Gouaches, reproductions pompéiennes.

646 — **Ecole moderne**. Ruines et Paysage.

647 — **Ecole moderne**. Entrée de Village (Aquarelle).

648 — **Ecole moderne**. Vue prise en Italie (Aquarelle).

649 — **Ecole moderne**. Escalier d'église (Sépia).

650 — **Ecole moderne**. Paysage avec Bosquets (Dessin).

651 — **Ecole moderne**. Marine (Petite gouache).

652 — **Ecole moderne**. Paysage montagneux (Aquarelle).

653 — **Ecole moderne**. Intérieur d'église (Sépia).

654 — **Ecole moderne**. Marine (Aquarelle).

GRAVURES

655 — **Cochin**, d'après **Watteau**. L'Accordée de village et la Mariée de village. Deux pièces encadrées.

656 — **Etienne Delaulne, M. Gérard** et **Wierrix**. Figures et ornements. 23 pièces. Belles épreuves.

657 — **Desnoyers**, d'après **Raphaël**. Sainte Catherine d'Alexandrie (encadrée).

658 — **A. Durer**. Saint Georges à cheval. Très belle épreuve.

659 — **A. Durer**. La Mélancolie. Belle épreuve.

660 — **Ficquet** et **Savart**. Portraits de La Fontaine, Bossuet et Puffendorf, 3 pièces. Très belles épreuves.

661 — **Hogarth.** Les Mariages à la mode. 6 pièces dont 2 encadrées.

662 — **L. de Leyde**. Le Sauveur. — La Résurrection. — Homme et Femme assis dans une campagne. — Les Musiciens. 4 pièces, anciennes épreuves.

663 — **Morghen**, d'après **Raphaël**. Jeanne d'Aragon (encadrée).

664 — **Morghen**, d'après **Léonard de Vinci**. La Cène (encadrée).

665 — **Petits Maîtres allemands.** 18 pièces, par Altdorfer, Aldegrever, Van Staaren, G. Pentcz et V. Solis. Anciennes et belles épreuves.

666 — **Rembrandt.** Son portrait. — Le Denier de César. — Saint Jérôme en méditation.— Trois Figures orientales. — Le Joueur de cartes. — Paysage à la vache qui s'abreuve. — 6 pièces. Anciennes et belles épreuves.

667 — **Rembrandt**. Paysage à la vache qui s'abreuve. (Copie encadrée).

668 — **M. Schongauer.** Dieu couronnant la Vierge, ancienne épreuve.

669 — Environ 25 pièces encadrées, gravures anciennes et modernes, photographies.

670 — Gravures anciennes et modernes, lithographies et photographies en portefeuille.

MEUBLES

671 — Pendule de forme dite religieuse en écaille de l'Inde, ornée de cuivre doré. Époque Louis XIV.

672 — Coffret en bois sculpté offrant en bas-relief des oiseaux et des arabesques. Travail de Bagard de Nancy.

673 — Petite Table orientale, ornée d'incrustation de nacre.

674 — Petite Table orientale, ornée d'incrustation d'écaille et de nacre.

675 — Cabinet posé sur table en bois noir, s'ouvrant à deux battants, intérieur garni de tiroirs et de portes. Époque Louis XIII.

676 — Cabinet posé sur table en bois noir, s'ouvrant à deux battants, formant étagère à l'intérieur. Époque Louis XIII.

677 — Grande Armoire en bois sculpté, ornée sur les battants de bas-reliefs en pointes de diamants. style Louis XIV.

678 — Pendule de forme religieuse en marqueterie de cuivre et d'écaille, ornée de bronzes dorés, style Louis XIV.

679 — Deux petites Consoles d'appliques en bois sculpté rehaussé d'or, style Louis XIV.

680 — Miroir oriental s'ouvrant en diptyque, avec incrustations de nacre et d'écaille.

681 — Petit Guéridon support en mosaïque de marbre
avec pied en cuivre, supporté par quatre griffes
de lion, accompagné d'un pupitre s'adaptant
par une monture mobile et renfermant une
aquarelle : Vue de Rome.

682 — Encadrement de miroir en incrustation de nacre,
travail d'Orient.

683 — Petite Console d'applique en bois sculpté rehaussé
d'or, style Louis XIV.

684-685 — Deux Supports, forme X, en incrustations
de nacre et d'ivoire, travail d'Orient.

686-687 — Deux Paravents à quatre feuilles couvertes,
l'un d'images caritaturales et l'autre d'images
historiques.

688 — Paravent à quatre feuilles en brocard et velours
de Perse.

689 — Stéréoscope en bois sculpté, style Renaissance.

699 — Coffre en bois sculpté du temps de la Renaissance.

TAPISSERIE, ÉTOFFES, DENTELLES
GUIPURES

691 — Joli Bandeau en tapisserie du temps de Henri II
représentant quatre médaillons à paysages avec
animaux et volatiles, encadrés de fleurs et
entrecoupés de cariatides.

692 — Quatre petits Tapis en broderies orientales.

693 — Petit Tapis en soie bleue brodée d'Orient.

694 — Petit Tapis en soie d'Orient rayée.

695 — Petit Tapis de table en broderie d'Orient à fleurs sur fond rouge.

696 — Tapis de table en broderie d'Orient fond rouge.

697 — Divers morceaux d'Étoffes brodécs.

698 — Dentelles blanches et noires.

699 — Guipures blanches et noires.

MOBILIER

701-702 — Ameublement de salle à manger en chêne sculpté, style gothique-renaissance fourni par la maison Mazaroz-Ribalier, composé de : un buffet crédence, deux petits meubles à hauteur d'appui, une Table rectangulaire, douze chaises et quatre fauteuils.

703 — Billard en chêne sculpté avec ses accessoires.

704 — Belle Bibliothèque en chêne sculpté, à colonnes canelées, à deux corps, chacun à trois vantaux vitrés.

705 — Meuble à cigares, à hauteur d'appui en chêne sculpté à un vantail à muffle de lion.

706 — Vitrine en chêne sculpté avec tablettes en glace.

707 — Petite Vitrine en fer et glaces avec galerie à balustres.

708-720 — Meubles de bibliothèque en chêne : Table bureau, Bibliothèques, Vitrine, Table-liseuse, encoignures, etc.

721-728 — Un Canapé, une Chaise-longue, deux Fauteuils d'encoignures, trois Fauteuils, une Fumeuse, un Tabouret, deux Traversins et deux Coussins, le tout recouvert en étoffe orientale.

729 — Piano droit en palissandre, de Gardon.

730 — Table en bois noir sculpté.

731-734 — Un Canapé et trois Coussins, sept fauteuils de diverses formes, une Chaise-longue et son coussin, cinq Chaises, une Fumeuse, une Chaise basse et Tabouret, le tout en bois noir, recouvert en étoffe genre cachemire.

735 — Lit anglais en cuivre poli.

736 — Meubles de chambres à coucher et autres, en palissandre et acajou.

737 — **BRONZES** : Pendules, Candélabres, Flambeaux, Galeries, Chenets, Suspensions, etc.

738 — Glaces de fantaisie et autres.

739 — Rideaux de croisée, de portières et de lits, en Étoffes orientales, reps, soie brochée, etc.

740-741 — Deux Paravents en peluche.

742 — Tapis en moquette.

743 — Bonne Literie.

744 — Meubles de chambre de domestiques.

745 — Bonne Batterie de cuisine en cuivre, fer-blanc et fer battu.

746 — Services de table en porcelaine et verrerie.

747 — Objets divers.

CAVE

748 —   90 Bouteilles de vin rouge ordinaire.

749 — 165   —   de vin rouge.

750 —   4   —   de Curaçao.

751 —   19   —   de Porto.

752 —   34   —   de Cognac.

753 —   10   —   de Champagne Saint-Marceau.

754 —   7   —   de vin du Rhin.

755 —   12   —   de Marsala.

758 —   14   —   de Chateau-Margaux.

759 —   4   —   et 10 demies Pajarète.

760 —   10   —   de vin blanc ordinaire.

761 —   23   —   de Madère.

762 —   14   —   de vieux Cognac (Liste civile).

763 —   19   —   de Porto.

764 —   15   —   de Saint-Émilion.

765 —   4   —   de Chypre.

766 —   27   —   de Brane-**Mouton**.

767 —   6   —   de Bordeaux.

768 —   35   —   de Château-Laffitte.

769 —   25   —   et 1 pièce de vin **blanc d'Algérie**.

770 —   80   —   de vins divers.

771 — Bouteilles vides. Casiers à bouteilles.

LIVRES ANCIENS ET MODERNES

1. **Academia** Lugdunensis Batava: id est virorum clarissimorum icones, elogia ac vitæ qui eam scriptis illustrarunt. *Lugd.-Batav.*, 1613; pet. in-4, mar. br., tr. dor. (*Thompson*). *Portraits.*

2. **Album** de 95 photographies des principaux monuments d'Espagne. Gr. in-fol., d.-rel.

3. **Antonius a Burgundia**. Mundi lapis lydius, sive vanitas per veritatem falsi accusata et convicta. *Antverpiæ*, 1639; pet. in-4, mar. vert, tr. dor.

   Jolies figures d'emblêmes gravécs par André Powels, d'après les dessins de Dieppenbeck.

4. **Arnauld** (P.). Trois traictez de la philosophie naturelle. Le Secret, livre d'Artephius. Les figures hieroglyphiques, de N. Flamel. etc. *Paris*, 1612, in-4, parch.

5. **Balzac**. Les Contes drôlatiques. *Paris, Société de librairie*, 1855; in-8, d.-rel., mar. rou., coins. *Illustrations de G. Doré.*

6. **Bertall**. La vie hors de chez soi. *Paris, Plon*, 1876; gr. in-8, d.-rel., chag., n. rog. *Fig.*

7. **Bescherelle**. Dictionnaire national de la langue française. *Paris*, 1854; 2 vol. in-4, d.-rel.

8. **Biblia**, insignium historiarum simulachris, cùm venustati, tùm veritati accommodis illustrata. (*Lugduni, Gryphius*), 1540; fort vol. in-8, veau gauffré, rel. anc.

   Jolies figures sur bois dans le texte.

9. **Biblia latina**. Pet. in-4, mar. br. 300 feuillets.

Manuscrit du xive siècle sur vélin, avec quelques ornements dans le texte.

10. **Boileau-Despréaux**. OEuvres avec des éclaircissemens historiques. *La Haye*, 1722; 4 vol. in-12, mar. rou., fil., tr. dor. *Figures de Bernard Picart.*

11. **Boileau-Despréaux**. OEuvres. *Paris, Didot*, 1788; 3 vol. in-18, mar. rou., tr. dor.

12. **Bordone** (libro di Benedetto) Nel qual si ragiona de tuttel'isole del mondo. *Vinegia, Zoppino*, 1528, pet. in-fol. cart. *Fig. sur bois.*

13. **Brandt** (Séb.). Stultifera navis. Narragonice perfectionis nunquam satis laudata navis.... *In urbe Basiliensi, opera J. Bergman de Olpe*, 1498, pet. in-4, mar. br., tr. dor. (*Thompson*).

Curieuses gravures sur bois.

14. **Brunet**. Manuel du Libraire et de l'Amateur de livres. *Paris, Silvestre*, 1842, 5 vol. in-8, d.-rel., mar. bl., n. rog.

15. **Cæsaris** quæ extant, ex emendatione Scaligeri. *Lugd. Batav., ex offic. Elzeviriana*, 1635, pet. in-12, mar. rou., tr. dor.

16. **Cartari**. Les images des Dieux, contenant leurs pourtraits, coustumes et cérémonies de la religion des Payens, trad. par A. du Verdier. *Lion, Frellon*, 1610; in-8, parch. *Fig. sur bois.*

17. **Cervantes**. El ingenioso hidalgo Don Quijote. *Argamasilla de Alba*, 1863; 4 vol. in-18, d.-rel., mar. citr. n. rog. (*Gruel.*)

18. Charron (Pierre). De la sagesse, trois livres. *A Leide, chez Jean Elsevier, (sans date)*, pet. in-12, front., mar. rou., fil., tr. dor. (*Derôme.*)

Bel exemplaire.

19. Choiseul. Voyage pittoresque de la Grèce. *Paris, 1782*; 2 vol. in-fol., d.-rel., mar. vert, n. rog. *Planches.*

20. Clamorgan (J. de). La Chasse du Loup, nécessaire à la maison rustique. *Rouen; Daré*, 1598; pet. in-4, d.-rel. mar. *Figures sur bois.*

21. Comte (J.). La tapisserie de Bayeux, reproduction d'après nature. *Paris, Rothschild*, 1878, in-4, d.-rel. chag. 79 *planches.*

22. Corneille (P.). L'Imitation de Jésus-Christ, traduite et paraphrasée en vers françois. *Paris*, 1665, in-12, mar. rou. tr. dor. *Fig.*

23. Corneille (P.). Théâtre. *Paris*, 1689, 4 vol. in-12, cart.

24. Corrections fraternelles aux jureurs, renieurs et blasphémateurs. *Paris, Cramoisy*, 1625; in-12, mar. br. (*Thompson.*)

25. Corrozet (Gilles) et Claude Champier. Le Cathalogue des villes et citez assises es troys Gaules. Avecques ung traicte des fleuves et fontaines. *A Paris, par Alain Lotrian*, 1540; in-16, chag, tr. dor. *Figures sur bois.* (*Quelques feuillets rognés.*)

26. Danse des Morts (La) comme elle est dépeinte dans la ville de Basle, pour servir d'un miroir de la nature humaine dessinée et gravée sur l'original de Mathieu Mérian. *Basle*, 1756; pet. in-4, mar. rou., tr. dor. *Fig.*

27. **Danse des Morts**. Der Todten-Tantz, wie der selbe in der weitberuhmten Stadt Basel. *Basel, Von Mechel,* 1796, in-8, mar. rou. n. rog. *Figures sur bois.*

28. **Danse des Morts**. Todten-Dantz durch Conrad Meyern. *Zurich.* 1650, pet. in-4. mar. rou. tr. dor. 57 *Figures et musique (quelques feuillets raccommodés.)*

29. **Dante Allighieri**. La divina Comedia, col commento di Landino. *Venetia per Bernardino Benali et Matthio da Parma,* 1491; pet. in-fol., fig. sur bois. d.-rel. *Titre raccommodé.*

30. **Davillier** (le baron). L'Espagne, illustrée par G. Doré. *Paris, Hachette,* 1874; in-4, d.-rel.. chag. rou., n. rog.

31. **Deville**. Histoire de l'art de la verrerie dans l'antiquité. *Paris, Morel,* 1873; in-4. d.-rel., mar. viol. coins, tête dor., n. rog. 112 *planches en couleurs.*

32. **Drexelius**. Orbis Phaëthon, hoc est de universis vitüs linguæ. *Coloniæ,* 1631; in-32, mar. rou. tr. dor.

33. **Falkenstein**. Geschichte der Buchdruckerkunst, *Leipzig,* 1840; in-4, d.-rel., mar. n. rog. *Planches.*

34. **Figures de la Bible**. Wol gerissnen und geschnidten figuren Ausz der Bibel. *Zu Lyon, durch Hans Tornesius,* 1564; in-8, mar. vert, fil. tr. dor. (*Niedrée.*)

   Jolíes figures sur bois du Petit-Bernard.

35. **Fougeret de Monbron**. Le Cosmopolite, 1752; in-12, mar. bl. tr. dor. (*Thompson.*)

36. **Gaffarel**. L'Algérie. *Paris, Firmin-Didot,* 1883; gr. in-8, d.-rel. mar n. rog. *Figures.*

37. **Goethe**. Reineke Fuchs. *München*, 1846; in-4, d.-rel. mar. rou. coins n. rog. *Illustrations de Kaulbach.*

38. **Goethe's** Sâmmtliche Werke. *Stuttgart*, 1840; 40 vol. in-12. d.-rel.

39. **Grisier**. Les Armes et le Duel. *Paris*, 1847; gr. in-8, d.-rel. v. *Figures.*

40. **Guilmard**. La Connaissance des styles de l'Ornementation. Histoire de l'Ornement. *Paris, s. d.*; in-4, d.-rel. mar. *Planches.*

41. **Harmoniæ** evangelicæ libri quatuor, in quibus evangelica historia ex quatuor Evangelistis in unum est contexta. *Parisiis, de Marnef*, 1564; in-8, mar. br. tr. dor. *Jolies vignettes sur bois.*

42. **Historiarum**. Veteris Testamenti icones ad vivum expressæ cum latina et gallica expositione. *Lugduni*, 1539; in-8, mar. rou. tr. dor. (*Capé.*)

> Ouvrage rare orné de jolies figures gravées sur bois d'après les dessins de Holbein. Seconde édition.

43. **Hogarth**. The analysis of beauty. *London*, 1753; in-4, v. *Curieuses planches.*

44. **Holbenii** Alphabetum mortis. *Bonn*, 1849; in-12, d.-rel. *Figures.*

45. **Horatii** Flacci poemata. *Venetiis*, in ædibus Aldi, 1519; in-8, mar. vert, orn. tr. dor. (*Thompson.*)

46. **Huber et Rost**. Manuel des curieux et des amateurs de l'art. *Londres*, 1797; 9 tom. en 5 vol. in-12, d.-rel. mar.

47. **Imitation** de Jésus-Christ, trad. par de Marillac. *Paris, Téchener*, 1860; in-18. mar. br. tr. dor.

48 **Incunable.** Incipit prologus beati Augustini de vita christiana. *S. l. n. d. (marque de Fust et Schoyfer*, à Mayence, vers 1470), in-4, goth. de 17 feuillets, mar. br. tr. dor. (*Capé.*)

49. **Kaden.** Das Schweizerland. *Stuttgart, Engelhorn,* gr. in-4, d.-rel. chag. n. rog. *Figures.*

50. **Kurz.** Geschichte der deutschen Literatur. *Leipzig*, 1853; 3 vol. gr. in-8, d.-rel. chagr.

51. **Lacroix** (P.). xviii° siècle. Institutions, usages et costumes. *Paris, Didot*, 1875; gr. in-8, d.-rel. parch. n. rog. *Planches en couleurs.*

52. **Lacroix** (P.) **et F. Seré.** Le Moyen âge et la Renaissance. *Paris*, 1848; 5 vol. in-4, d.-rel. mar. rou. coins tête dor. n. rog. *Planches en couleurs.*

53. **La Fontaine.** Fables, illustrations par Grandville. *Paris, Furne*, 1847; gr. in-8, d.-rel. v.

54. **Lamartine.** Histoire des Girondins. *Paris, Furne*, 1847 ; 8 vol. in-8, d.-rel. *Fig.*

55. **La Rochefoucauld.** Réflexions ou Sentences morales. *Paris, Barbin*, 1693 ; in-12, v., tr. dor. (*Sixième édition.*)

56. **Lasteyrie** (F. de). Description du trésor de Guarrazar. *Paris, Gide*, 1860; in-4. d. rel. chag. tr. dor. *Planches en couleurs.*

57. **Le Blanc.** Manuel de l'amateur d'estampes. *Paris*, 1854-1857 ; 2 vol. et 1 livr., gr. in-8, br. (A.-P.).

58. **Le Bon.** La Civilisation des Arabes. *Paris, Firmin-Didot*, 1884 ; gr. in-8, d.-rel. mar., n. rog. *Planches en couleurs.*

59. **Livre** (Le) du très chevaleureux comte d'Artois et de sa femme. *Paris, Techener*, 1837 ; in-4, d.-rel. mar., br., coins. *Fig.*

60. **Lorris** (G. de) et Jean de Meung. Le Rommant de la Rose, nouvellement reveu et corrige oultre les precedentes impressions. *On le vend a Paris par Galliot du Pré*, 1529 ; in-8, figures sur bois, mar. vert, fil., tr. dor.

Bel exemplaire en reliure ancienne.

61. **Macchiavelli**. Les discours de l'estat de paix et de guerre, sur la première Décade de Tite-Live. *A Rouen, chez Lescuyer*, 1579 ; in-16, mar. rou., tr dor.

62. **Magasin pittoresque**. *Paris*, 1833-1864 ; 30 vol. gr. in-8, d.-rel. *Fig.*

63. **Marconville** (Jean de). De l'heur et malheur de mariage, ensemble les loix connubiales de Plutarque. *Paris, Jehan Dallier*, 1564 ; in-8, mar. rou., tr. dor., rel. anc.

64. **Marot** (Clément) et B. Aneau. Trois premiers livres de la Métamorphose d'Ovide, traduictz en vers françois. Mythologizez par allégories historiales, naturelles et moralles..... Illustrez de figures et images convenantes. *A Lyon, par Guill. Rouille*, 1556 ; in-8, texte encadré, figures sur bois, mar. rou., tr. dor.

B 1 exemplaire.

65. **Menestrier**. L'Art du blason justifié. *Lyon*, 1661 ; in-12, v. *Fig.*

66. **Molière**. Les OEuvres de Monsieur Molière. *Amsterdam, Jaques Le Jeune*, 1674-1684 ; 6 vol. in-12, mar. bl., tr. dor. *Fig.*

67. **Nodier** et **Lurine**. Les Environs de Paris. *Paris, Boizard*, gr. in-8, d.-rel. *Fig.*

68. **Nouveau Testament** de N.-S. Jésus-Christ, trad. en français avec le grec et le latin de la Vulgate. *Mons, Migeot,* 1673 ; in-8, mar. bl. fil., tr. dor. (*Thompson.*)

69. **Pascal.** Pensées. *Paris, Desprez,* 1715 ; pet. in-12 ; v.

Aux armes du cardinal Mazarin.

70. **Pascal.** Pensées de M. Pascal sur la religion et sur quelques autres sujets. *Paris, Desprez,* 1670 ; in-12, de 40 feuillets prélim., 334 pages chiffrées et 10 feuillets de table, mar. br., tr. dor. (*Thompson.*)

71. **Pascal.** Les Provinciales. *Cologne, Schoute,* 1669 pet. in-12, v.

72. **Peignot.** Traité du choix des livres. *Paris,* 1817 in-8, d.-rel.

73. **Perrot et Chipiez.** Histoire de l'Art dans l'antiquité. *Paris, Hachette,* 1882 ; 2. vol. gr. in-8, d.-rel. mar., n. rog. *Figures.*

Egypte, Chaldée et Assyrie.

74. **Racine.** Esther, tragédie. *Amsterdam, Schelte,* 1698 ; in-12, mar. rou., tr. dor.

75. **Racine.** OEuvres. *Suiv. la copie impr. à Paris,* 1682 ; 2 vol. in-12, fig., mar. rou., tr. dor.

76. **Rousseau** (J.-J.). OEuvres. *Paris,* 1788 ; 37 vol. in-8, bas. *Figures de Moreau.*

77. **Saint-Non** (Richard de). Voyage pittoresque à Naples et en Sicile. *Paris. Houdaille,* 1836 ; 4 vol. in-8 et 2 vol. in-fol. d.-rel. mar. vert, n. rog. *Planches.*

78. **Saint-Pierre** (Bernardin de). Paul et Virginie. *Paris, Detervilze*, 1816; pet. in-18, pap. vél. mar. br. tr. dor. (*Thouvenin*.)

Figures de Moreau avant la lettre.

79. **Sardou** (V.). Costumes du Directoire, tirés des Merveilleuses. *Paris*, 1874; in-4, cart. 20 *planches à l'eau-forte.*

80. **Schnorr et Neureuther**. Der Nibelungen Noth. *Stuttgart*, 1843; in-4, d.-rel. mar. bl. *Figures.*

81. **Sensuyt** Une dévote Méditation sur la mort et passion de Nostre Saulveur et Redempteur Jesuchrist. Avec les mesures mises de place en place : ou Nostre Seigneur a souffert pour nous. *S. l. n. d.* (vers 1530), pet. in-8, goth. mar. rou. tr. dor,

82. **Süe** (E.). Les Mystères du peuple. *Paris* ; 14 vol. gr. in-8, d.-rel. *Fig.*

83. **Suetone** Tranquile de la vie des XII Césars. Traduit par George de la Boutière-Autunois. *A Lion, par Jean de Tournes*, 1569 ; pet. in-4, mar. rou., tr. dor. **Bel exemplaire.**

84. **Swift**. Voyages de Gulliver. **Paris, Didot,** 1797 ; 2 vol. in-18, d.-rel. chag. *Figures de Lefebvre.*

85. **Sylvain** (Alex.). Histoires tragiques partie extraittes des actes des Romains et autres de l'invention de l'autheur. *Paris, Bonfons*, 1588 ; in-8, v. m.

86. **Testamenti Novi** editio Vulgata. *Lugduni apud G. Rouillium*, 1567 ; in-16, mar. br., tr. dor. *Fig. sur bois.*

87. **Thiers**. Histoire de la Révolution française. *Paris, Furne*, 1838 ; 10 vol. in-8, d.-rel. v. *Fig.*

88. **Tissot**. Leçons et Modèles de littérature française. *Paris*, 1836 ; 2 vol. gr. in-8, d.-rel.

89. **Topffer**. Voyages en zigzag. *Paris, Dubochet,* 1846 ;
gr. in-8, d.-rel. v. *Fig.*

90. **Toussenel**. Précis chronologique de l'histoire de
France. *Paris,* 1844 ; in-8, mar. br., tr. dor. *Fig.*

91. **Valvasor**. (Weichardus) Theatrum mortis humanæ
tripartitum : Saltum mortis. Varia genera mortis.
Pœnæ damnatorum. *Laybach,* 1682 ; 3 tomes en
1 vol. pet. in-4, mar. rou., n. rog. *Bel exemplaire.*

> Volume orné de jolies gravures en taille-douce, entourées de bor-
> dures. Les planches de la première partie sont des copies de la Danse
> des Morts, de Holbein.

92. **Verepœus**. Catholicum precationum selectissima-
rum enchiridion. *Antverpiæ,* 1603 ; in-16, mar. br.,
tr. dor. *Jolies vignettes dans le texte.*

93. **Vespasiano** Amphiareo da Ferrara. Il perfetto
modo d'imparare a scrivere tutte le sorte di lettere.
Venetia, 1620 ; in-4, obl. parch , n. rog.

94. **Vie** et avantures de Lazarille de Tormes. *Brusselles,
de Backer,* 1699 ; pet. in-12, mar. rou., tr. dor. *Fig.*

95. **Vænius** (Otho). Amorum emblemata, figuris æneis
incisa. *Antverpiæ,* 1607 ; in 4 obl., v. fau., tête dorée,
n. rog. *Bel exemplaire.*

> 124 jolies figures.

96. **Voltaire**. OEuvres complètes. *Paris, Didot.* 1827 ,
4 vol. in-8, cart., n. rog.

97. **Voltaire**. OEuvres. *Paris,* 1835 ; 7 vol. gr. in-8,
d.-rel. *Fig.*

98. Sous ce numéro on vendra un certain nombre
d'ouvrages en lots.

Yve Renou et Maulde, imprimeurs de la Compagnie des Commissaires-Priseurs,
rue de Rivoli, 144. 100—5318

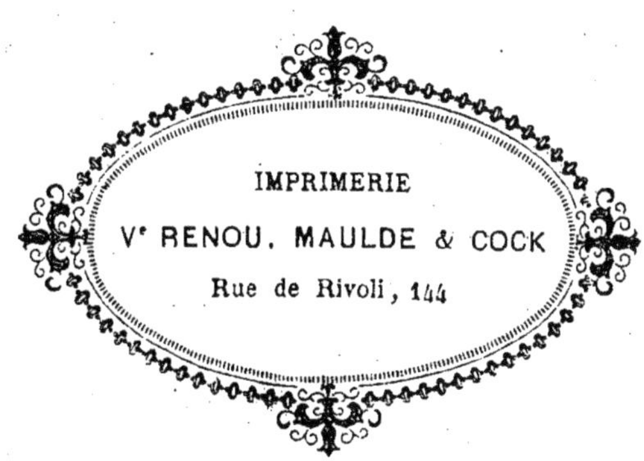
IMPRIMERIE
Vᵉ RENOU, MAULDE & COCK
Rue de Rivoli, 144